1 세기 교회 예배 이야기

IVP(InterVarsity Press)는
캠퍼스와 세상 속의 하나님 나라 운동을 지향하는
IVF(InterVarsity Christian Fellowship)의 출판부로
생각하는 그리스도인을 위한 문서 운동을 실천합니다.

Going to Church in the First Century
Copyright © 1980, 1985 by Robert Banks
Originally Published by Hexagon Press, Australia
Translated and printed by permission of Robert Banks
All rights reserved.

Korean Edition © 2017 by Korea InterVarsity Press
156-10 Donggyo-Ro, Mapo-Gu, Seoul 04031, Korea

1세기 교회 예배 이야기

역사적 자료에 기초한 초대교회 모습

로버트 뱅크스 | 신현기 옮김

lvp

차례

한국어판 서문　7
초판 서문　9
개정판 서문　13

내 이름은 푸블리우스　17
아굴라와 브리스가 부부와 만나다　23
주의 만찬에 참여하다　30
친교를 나누다　37
벨릭스가 친구 두로를 데려오다　43
루시아의 해방에 대해 토론하다　46
종교적 격식에 매이지 않은 모임　51
놀이하는 모임　55
노래 부르기와 대화식 기도　59
은사에 대한 아굴라의 가르침　62
권면과 서로를 위한 기도 후에 모임을 마치다　65
밤길을 나서며　70

역자 후기　74

한국어판 서문

『1세기 교회 예배 이야기』의 한국어판이 개정되어 나온다니 기쁘기 그지없다. 30년 전에 출간된 한국어판은 이 책의 첫 번역서였다. 이후로 여러 차례 한국을 방문했을 때, 이 책을 통해 생각의 문이 열려 교회를 더 깊이 이해할 수 있었으며, 최초의 교회 모임에 나타난 그리스도인의 교제의 정신과 활력을 더 많이 회복할 수 있었다는 말을 여러 사람으로부터 들었다.

이후 여러 해 동안 이 작은 책은 여러 언어로 번역되었다. 이 책이 여러 나라의 그리스도인들이 느끼는 필요, 곧 그들의 모임에 생명력을 '더할' 무언가를 채워 주었나 보다. 선교 사역에 관여하는 사람들—오늘날 최전선에 한국의 그리스도인들이 있다—가운데는 회심자들이 기독교 운동의 초기 확산에서 보였던 신선함과 권능을 경험하기를 원하는 사람이 많다.

첫 번째 그리스도인들이 자신들의 세계에 미친 영향은 그들이 가족과 친구와 이웃과 동료와 시민과 함께하며 보여 준 삶의 질에서 비롯되었다. 이 책에 이어 『1세기 그리스도인의 하루 이야기』(*A Day in the Life of a First Century Christian*, 한국 IVP)을 자매편으로 내는 것도 그런 이유에서다.

이 이야기를 읽는 독자들이 상상의 나래를 펼쳐 1세기 그리스도인들의 삶 속으로 들어가서, 우리 또한 "세상을 전복"할 만한 무언가를 발견하기를 기도한다(행 17:6).

로버트 뱅크스

초판 서문

이 짧은 이야기를 통해 1세기 중엽 초기 그리스도인들의 모임은 어떤 모습이었을지 생생하게 그려 볼 것이다. 장소로 로마를 택했다. 로마만큼 당시의 일상생활에 대해 자세히 알 수 있는 곳도 없기 때문이다. 교회의 책임자로 아굴라와 브리스가를 택했다. 바울과 오랫동안 관계를 맺어 온 그들의 가정이야말로 바울서신이 제시하는 지침들을 가장 제대로 반영했을 테니 말이다. 가급적 한두 가지 한정된 자료를 바탕으로 간명하게 묘사하려다 보니 비는 구석도 있었다. 그럴 경우 부득이 추측하는 수밖에 없었지만, 멋대로 비약하기보다는 최대한 신중을 기했다.

이 연구를 위해 로마와 그리스의 성서 관련 문헌과 다른 일반 문헌들 그리고 고고학과 비문에 나타난 증거들을 활용했다.

이 책의 많은 부분은 이 주제에 대해 포괄적으로 다룬 『바울의 공동체 사상』(한국 IVP)을 기초로 했다. 이 작은 책에 제시된 교회관의 성경적 근거를 알고 싶은 분들은 여러 해 전 호주 시드니의 매쿼리 대학에 있을 때 쓴 그 책을 참고하면 된다. 나머지 자료들, 특히 1세기 로마의 생활상에 대해서는 남독일 튀빙겐 대학에서 안식년 기간 중에 연구했다. '기독교의 기원 연구소'(Institute for the Study of Christian Origins)의 도움 덕에 이 과업은 쉽고도 즐거웠다.

　이 이야기를 준비하는 과정에서 도움을 준 여러 분들에게 고마움을 표한다. 특히 스콧 바치(Scott Bartchy)를 비롯한 튀빙겐의 기독 공동체는 준비 과정에서 환대를 베풀어 주었다. 매쿼리 대학의 에드윈 저지(Edwin Judge)와 톰 힐라드(Tom Hillard)는 역사적 정확성을 점검해 주었다. 캔버라의 리즈와 피터 율리(Liz & Peter Yuile) 부부는 교정지를 읽어 주었다. 클라이브와 루스 몬티(Clive & Ruth Monty) 부부 및 시드니의 얀 롤프(Jan Rolph)와 험프리 바비지(Humphrey Babbage)는 내용에 등장하는 토론 부분을 구성하는 데 도움을 주었다. 마지막으로, 시드니 헥사곤 출판사의 켄 롤프(Ken Rolph)는 맨 처음 이 책을 쓰도록 제안했으며 유용한 조언과 편집 기획력을 아끼지 않았다.

여러모로 부족한 책이지만, 이 책을 읽는 그리스도인들이 1세기 교회는 어떤 모습이었는지, 그리고 지금도 그럴 수 있는지를 얼핏이라도 볼 수 있기를 바랄 뿐이다. 지난 2천 년 동안 우리는 결정적인 무언가를 잃어버렸다. 시간을 거슬러 올라가 최초 그리스도인들이 했던 일을 단순 모방할 수는 없지만, 21세기에도 그들 모임의 본질적 성격을 적절히 표현할 수 있다고 믿는다. 그러려면 오늘날 우리의 행동 방식에 여러 변화가 있어야겠지만, 그 유익은 헤아릴 수 없을 것이다. 특히, 나는 교회를 포기한 그리스도인들과 한 번도 그리스도인이었던 적이 없는 구도자들을 염두에 두었다. 그들이 이 책을 통해 자신들이 추구하는 것들을 더 선명히 이해하고, 결국 그들도 나처럼 매주 그것을 실제로 경험할 수 있다는 사실을 발견하길 바란다. 전 세계에서 작은 모임을 통해 이런 일을 이미 경험한 많은 분들에게 이 작은 책을 바친다.

개정판 서문

이 작은 책의 개정판이 나와 매우 기쁘다. 지난 4년 동안 이 책은 여러 맥락에서—신학적인 면에서는 물론 신학 외적으로도, 목회자는 물론 평신도 사이에서도, 성인은 물론 청년 사이에서도, 회중용은 물론 학습용으로도—사용되었다. 각 경우마다 참석자들에게 걸맞는 수준의 토론이 이루어진 것 같다. 심지어 공연으로 각색되어 상당한 성공을 거두기도 했다. 이 책을 통해 초기 그리스도인의 예배와 우리의 예배 사이에 차이가 있음을 분명히 알 수 있었다. 단순한 성경 주해나 강해만으로는 할 수 없는 일이었다. 그리스도인의 의사소통 방식에서 예수님이 실천하신 스토리텔링을 사용하는 경우는 거의 드물다.

이 이야기를 다시 읽으니 문학적인 면에서 너무 부족함을 느낀다. 처음 이 책의 아이디어가 떠올랐을 때, 나보다 더 뛰어난 준비된 누군가가 나타나 내가 모아둔 자료들로 책을 완성하면 좋겠다는 바람이 있었다. 이 이야기에 신학적으로 부적절한 부분이 있다고 지적한 사람도 알고 있다. 가령, 외부인이 주의 만찬에 참석할 수 있었는지에 대해 논란이 있을 수 있다. 그러나 나는 외부인이 주의 만찬에서 배제된 채 다른 방식으로 그 모임에 참석할 수 있다고는 볼 수 없다(고전 14:16, 24-25). 내가 환대의 율법을 어기거나 그들이 복음을 분명하게 선언할 가능성을 부정한다면 모를까, 나는 유월절 전례를 근거로 어린이도 주의 만찬에 참여할 수 있음을 의심치 않는다. 주의 만찬과 관련 예식이 대체로 특별한 형식이 없었다는 데 이의를 제기하는 사람도 있다. 음식을 먹기 전에는 언제나 이 제도에 대한 예수님의 말씀을 인용했을 것이다. 그러나 바울이 고린도전서 11장에서 예수님의 말씀을 언급한 것이 반드시 그런 의미인지는 분명하지 않다. 특히, 복음서에서 예수님의 말씀이 다양한 방식으로 표현되는 것으로 볼 때 그렇다. 물론 모임들에서는 일반적으로 더 큰 형식을 준수했을 것이다. 드로아에서의 모임을 묘사한 사도행전 20장에는 그랬다는 암시가 거의 없지만 말이다.

헥사곤 출판사의 켄 롤프 덕분에 새로운 모습으로 탄생한

이 개정판은 이야기의 구성이 상당히 단단해졌다. 이전 판에서도 그랬지만, 주디 클링건(Judy Clingan)의 삽화는 여전히 이 책에 생명을 더해 주었다.

내 이름은 푸블리우스

내 이름은 푸블리우스다. 더 정확하게 말하자면, 푸블리우스 발레리우스 아미키우스 루푸스다. 비교적 신식민지에 해당하는 마케도니아의 빌립보 출신이다. 빌립보는 비록 마케도니아 영토 안에 있지만, 뼛속까지 로마임을 자랑으로 여기는 곳이다. 지금 나는 오랜 친구 글레멘드, 유오디아와 함께 로마에 잠시 머무는 중이다. 오늘은 일찍이 근처에 있는 한 가정의 저녁 식사에 다녀왔는데, 여러분에게 들려주고 싶을 정도로 특이한 경험이었다. 동행한 친구들은 아굴라와 브리스가라는 유대인 부부로부터 매번 일곱째 날마다 식사 자리에 상시 초청을 받은 상태였다. 방문객들에게도 열려 있는 자리였으므로, 내가 참석하는 데 별도의 초청은 필요하지 않았다.

만찬에 초대받아 길을 나섰다 —특이한 경험

우리가 집을 나선 것은 낮 제9시(오후 3시)에 접어들 무렵이었다. 여름이면 느지막이 만찬을 하는 게 로마에서도 상례였다. 손님이 있을 경우 더욱 그랬다. 한길로 나서 한참을 걷다 보니 거리가 너무 좁아 갑갑했다. 폭이 채 3미터도 안 되는 길도 있었다. 게다가 바닥은 그야말로 진

창투성이라 발밑이 불안했다. 이미 대부분 일이 끝나 제법 많은 사람들이 밖으로 쏟아져 나와서 앞으로 나아가기조차 어려웠다. 길이 엉망이라 이리저리 헤매다 보니 방향감각조차 잃어버렸다. 도저히 내 힘으로는 목적지까지 찾아갈 수 없었다. 건물은 번지수가 거의 없고 거리도 표지판이 거의 없기 때문에 외지인이 길을 찾기란 거의 불가능했을 것이다.

로마는 아주 커졌다. 인구 백만을 넘겼으면서도 여전히 팽창하고 있다. 하나의 거대 민족 집단이 전체를 대표하지 못하는 나라가 세계 어디에 또 있을까 하는 생각이 든다. 유대인만도 오만 명이나 된다고 한다. 로마는 더 이상 하나의 도시가 아니라, 언어와 관습과 산업이 제각각인 도시들의 복합체라 할 수 있다. 이러한 도시 확장을 통해 로마 경제는 큰 혜택을 입었을 것이다. 원거주자들 사이에서는 공급이 모자라는 기술을 갖고 들어온 사람이 많았으니 말이다. 또한 노예들과 해방 노예들의 대거 유입으로 고용 문제가 완화되었다. 그러나 이로 인해 새로운 문제가 발생하기도 했다. 식량 사정도 나아져서 요즈음에는 먹거리가 훨씬 더 다양해졌다. 그러나 문화적으

문화적으로
혼란스러운
로마

로는 온통 뒤죽박죽이었다. 나는 예전 방식이 더 좋다. 정말이지 멋진 옛 시절이 최고였다.

아굴라와 브리스가가 사는 거리는 로마의 다른 지역과 마찬가지로 다양한 주택 양식이 뒤섞여 있었다. 한때는 갖가지 상품을 파는 작은 가게들로 가득했고, 가게 주인은 건물 뒤편이나 이 층의 비좁은 다락방에서 살았다. 그런데 디베료 황제 치하에서 화재가 발생하여 대부분의 집들이 잿더미가 되었다. 불이 일단 나무와 자갈로 지은 건물로 옮겨붙자 불길이 잡히지 않았다. 화재에서 살아남은 극소수의 건물들은 오륙 층가량의 높은 공동주택 단지 곁에 서 있다. 많은 구조물들이 허술하게 지어졌으므로, 언제든지 붕괴될 위험 말고도 훨씬 더 큰 화재가 날 위험에 노출되어 있었다.

수십 년 전부터 로마 전역에서는 이런 고층 건물이 올라가고 있다. 대다수 사람들은 여전히 이런 주택에 살고 있다. 벽돌과 콘크리트로 지어진 고가의 건물들 가운데 일부는 폐허 위에 신식 상가를 형성하기까지 했다!

그 구역 한쪽 귀퉁이에 단독 주택 두 채가 서 있었다. 도시 주변 언덕 위에 보이는 호화 저택과는 달랐지만, 언

아굴라와 브리스가가 구입한 아파트

제나 편안해 보이는 곳이었다. 글레멘드는 두 건물이 여전히 개인 소유로 있다는 것이 더 인상적이라고 설명했다. 대대로 같은 가문 소유의 집이었다. 아파트나 하숙집으로 용도를 변경하려고 여러 차례 수지맞는 흥정이 들어왔지만, 현 소유주들은 일절 거절했다. 이런 일이 로마 전역에서 점점 더 많이 일어난다고들 한다. 이러한 변화는 많은 외국인들이 유입되고 부유한 시민들이 해안가의 호화로운 빌라를 선호하기 때문이었다. 두 집 가운데 두 번째는 사실 아파트 셋으로 나뉘어 있었다. 중앙에 있는 아파트는 뒤편으로 그리스식 정원이 있었다. 나머지 둘은 앞쪽에 로마식 광장이 있고, 그 광장을 둘러 직사각형 모양의 아파트와 ㄴ자 모양의 더 큰 아파트가 있었다. 두 번째 직사각형 아파트는 거리로 난 방을 가게로 전용했다. 브리스가와 아굴라가 이 아파트를 구입했는데, 편안한 곳에 거주하면서 일도 할 수 있는 구조였기 때문이다. 그들 말마따나, 사업과 주거를 동시에 해결할 수 있는 일거양득이었다.

집으로 올라가면서 보니 가게 앞쪽은 나무로 된 버티컬 셔터로 닫혀 있어 행인들이 전혀 들어갈 수 없었다.

가게 옆으로는 길에서 바로 들어가는 조그마한 통로가 나 있었다. 안으로 몇 걸음 들어서니 아파트 현관문이 열려 있었다. 작은 문패에 아굴라의 이름과 직업이 적혀 있었다. 아무도 보이지 않자 글레멘드는 인기척을 내려고 문을 몇 차례 두드렸다. 문고리쇠나 종은 아예 없었다.

"너무 일찍 온 것 같죠?" 글레멘드가 유오디아에게 묻자, 유오디아가 대답했다. "아닐걸요. 아마 우리가 일착인가 봐요."

곧바로 누군가 나타났는데, 허겁지겁 나온 그는 보통 키의 마른 남자였다. 그가 유대인이라는 말은 이미 들었지만, 걱정이 되지는 않았다. 우리 로마인들은 이런 일에 관대한 편이다. 나는 유대인 가정에서 식사 한 끼 해 본 적 없지만 그들과 꽤 잘 지냈다. 유대인들은 외국인들을 편히 대하지는 않는데, 그것이 그들의 종교 원리와 관련된 문제라고 들었다. 남과 잘 어울리지 않는 그들은 심지어 국외자 같다. 그러나 지난밤에 글레멘드와 대화하면서 이 사람은 여러 면에서 인습에 얽매이지 않고 사고가 매우 자유로운 유대인이라고 들었다.

내가 물었다. "그가 로마 제국 여러 지역을 돌아다녀

인습에 매이지 않는 유대인

서 그런가?"

글레멘드가 대답했다. "그런 이유도 있겠지만, 단지 그래서만은 아니라네. 세계를 보는 그의 시각에 영향을 미치는 새로운 세계관을 받아들인 이유가 더 크지."

사연은 이랬다! 글레멘드와 유오디아가 고린도에서 이런 새 관점에 처음 관심을 갖게 된 것은 아굴라와 브리스가를 통해서였다. 글레멘드는 자신과 유오디아가 고린도를 떠날 무렵 이 관점에 사로잡혔으며, 로마로 이주하기로 작정한 다음에도 같은 마음이었다고 말했다. 처음에는 로마에서 지내기가 만만치 않았다. 로마에는 나름의 사당이나 사원을 갖춘 종교 집단이 부족하지도 않고, 제법 괜찮은 철학 학파도 적지 않다. 그러나 그 어느 것도 글레멘드와 유오디아의 관점에 맞지 않았다. 그들에게 서광이 비친 것은 아굴라와 브리스가가 재등장했을 때였다. 이미 고린도와 에베소에서 그랬던 것처럼, 이 둘은 자기들 집에서 정기 모임을 시작했다. 사적인 종교 모임과 철학 만찬 모임이 있다는 말을 듣긴 했지만, 한 번도 참석할 기회는 없었다. 그게 좋은 기회인지 또 어찌 알겠는가. 그러나 글레멘드는 이 모임이 아주 다르다고 했고, 유오디아는 내가 참석하더라도 어색하지 않을 거라며 열심히 나를 안심시켰다.

나는 "그래, 두 사람 말을 믿지"라고 말했다.

매우 분별력 있는 집주인

약간 긴장이 되긴 했지만 호기심도 일었다. 집주인은 어떤 일에도 상식에서 벗어나지 않을 매우 분별력 있는 사람이란 생각이 들었다. 로마의 종교 문화 전통의 훌륭한 기반을 습득할 기회가 없던 그리스인이라면 최근에 부쩍 출현한 비밀스럽고 감정적인 동방 사교에 더 빠져드는 경향이 있었을 것이다. 그러나 아무리 이례적이라 하더라도, 유대인이 그런 새로운 종교에 빠지리라는 생각이 들지는 않을 것이다. 유대 민족이 지나치게 세세한 도덕적 제약과 유일신에 대한 완고한 집착에 빠져 있는 것으로 미루어 보면 말이다.

아굴라와 브리스가 부부와 만나다

아굴라가 나타나자, 내 친구들은 그가 문까지 다가오기를 기다리지 않고 그를 만나려고 곧바로 안으로 들어갔

다. 흔히 하는 대로 남자들끼리 서로 끌어안고 입맞춤을 했는데, 의례적이기보다는 다정함이 묻어났다.

"어서 오세요. 환영해요. 하나님의 은총과 평화가 함께 하기를요." 아굴라가 마음으로 인사했다.

"아굴라 님께도요, 다시 오게 되어 기쁩니다." 글레멘드가 화답했다.

> 아굴라와 유오디아의 포옹은 이례적이었다

그때 아주 이례적인 일이 일어났다. 아굴라가 유오디아도 끌어안고 입맞춤을 했기 때문이다. 당신이라면 아마도 남매지간이나 그와 비슷한 관계로 생각했을 것이다! 시인 마르티알리스가 그랬어도 놀라지 않을 수 없었을 것이다. 그는 로마 남자들이 툭하면 서로 입맞춤하는 습관을 혐오했고, 나도 그에게 동의하는 편이었다. 그때 브리스가가 방으로 들어왔는데, 수수한 장식이 달린 화려한 색상의 모직 가운을 걸치고 있었다. 모두가 아까처럼 돌아가며 인사했다. 이번에는 내 소개와 인사도 있었다. 나는 즉시 아주 예의 바르게 감사를 표했다.

브리스가가 내게 인사를 했다. "푸블리우스 씨, 오셔서 기쁩니다. 글레멘드와 유오디아에게서 오실 거라고 들었습니다."

우리는 그들에게 외투를 맡기고 신을 벗은 다음 그들이 주는 실내화로 갈아 신었다. 또한 유오디아가 우리 몫으로 준비한 꽃다발과 음식을 건넸다.

곧 대화가 시작되었다. 아굴라는 유창한 그리스어로 나의 최근 여행 일정에 대해, 아가야에서 바다를 건너올 때 날씨는 어땠는지 그리고 로마에는 얼마나 있었는지에 대해 물으며 대화를 이끌었다. 대화 중에 나는 아굴라가 젊은 시절 본도에서 로마로 이주했으며, 최근 수십 년 사이에 제국의 동부에서 로마로 밀려든 수천 명의 이민자들 가운데 한 사람임을 알게 되었다. 그는 한동안 텐트 사업이 번창해서, 이를 바탕으로 이 지역에서 유명한 아킬리우스 가문의 브리스가와 결혼했다. 그러나 불행하게도, 글라우디오가 정치적으로 말썽을 일으킨다는 혐의로 유대인들을 로마에서 추방하자, 부부는 어려움에 빠졌다. 아굴라와 브리스가는 고린도에 정착했는데, 바로 그때 직업이 같다는 연유로 내 친구와 만났던 것이다. 그들은 에베소 등 여러 곳을 전전하다, 로마에서 핍박의 열기가 가라앉자 다시 로마로 돌아와서 중단했던 일을 재개하기로 결정했다. 형편이 상당히 잘 풀려서, 옛 친구들과 얼마 떨어지지 않은 가죽상 구역과 가까운 곳에 있는 이 소박한 아파트를 매입했다.

대가족의 도착

내가 아굴라에게 본도에서 보낸 초기 시절에 대해 물으려는 찰나, 다른 손님들이 도착하여 대화가 끊겼다. 남편과 사별한 후 아들 부부와 함께 사는 연로한 할머니와 아이 넷으로 이루어진 대가족이었다. 그들과 서로 인사를 나누었지만, 모두의 이름을 기억할 수는 없었다. 그들은 멀지 않은 곳에서 살았으며, 아버지 빌롤로고는 서적상을 했는데 이는 가죽을 거래하는 일과도 관련되어 있기도 했다. 내 사고방식으로는 지나치게 열정적인 인사를 다시 나누는 동안, 우리가 서 있는 넓은 정사각형 모양의 방을 샅샅이 뜯어볼 수 있었다. 지금은 이 지역 물 공급 형편이 눈에 띄게 개선되어, 전에는 지붕에서 떨어지는 빗물을 받던 응접실 중앙의 작은 물받이통은 장식으로 바뀌었다. 그 주위를 화분으로 둘러 응접실은 상쾌한 실내 정원 분위기를 풍겼다. 커튼이 쳐진 침실 둘은 문이 열려 있었다. 집주인의 자녀는 결혼하여 출가했으니, 방 한 개는 손님용일 것이다. 유오디아에게 듣기로 아굴라와 브리스가는 손대접 잘하기로 소문이 났는데, 이따금씩

손대접 잘하기로 소문난 아굴라와 브리스가

방문객을 한 번에 수개월씩 투숙시키기도 했다. 실내는 서늘해서 기분이 상쾌했고, 바깥에서 받은 한낮의 열기를 식혀 주었다. 거리 밖에서 마주친 혼잡함에 비하면 고요하고 행복했다.

나는 막 도착한 가족과 대화를 나누었다. 대화가 한동안 이어진 후, 손님 둘이 더 왔다. 값비싸 보이는 가볍고 긴 겉옷을 걸친 눈에 확 띄는 신사와 함께 수수하고 짧은 옷을 걸친 또 한 사람이 들어왔다. 그는 신사의 종이 틀림없을 것이다. 둘 사이에는 분명한 신분 차이가 있었는데도 아굴라 부부가 그들을 맞이할 때 차별을 보이지 않았다는 사실에 나는 놀랐다. 사실 약간의 충격마저 받았다. 그런데 아이들이 갑자기 우리를 버리고 그 종에게 몰려가서 그를 둘러쌌다.

"루시아, 루시아" 하고 아이들이 그의 이름을 불렀다. 그러자 그는 짐짓 겁먹은 듯 말했다. "그래, 그래, 야만인들이 벌써 로마에 쳐들어왔다는 말은 하지 말거라!"

그는 아이들에게 인기가 있는 게 분명했고, 그 역시 아이들을 보는 게 즐거워 보였다. 그는 다정하게 사내아이들의 머리를 쓰다듬고, 소녀들에게는 옷차림새를 칭찬

해 주었다. (소녀들은 느슨한 블라우스에 발목까지 오는 흰색 숄을, 사내아이들은 나이에 어울리게 허리띠를 졸라맨 짧은 옷을 입었다.) 나는 곧 종의 주인을 소개받았다. 그의 이름은 아리스도불로였고, 비교적 고위직에 있는 공무원이었다. 그가 하는 일에 대해 그와 대화를 나눈 지 얼마 되지 않아 아굴라가 손뼉을 치며 주의를 끌었다. 물시계 둘보다 철학자 둘이 훨씬 더 잘 맞는다는 등 흔한 농담을 했다. (이 말을 처음 한 사람은 세네카일 텐데, 아굴라는 아마도 누군가에게 전해 들었을 것이다.) 그러고 나서 그는 다른 손님들이 오는 중이라는 전갈을 방금 받았으니, 이제 식사 준비를 하러 식당으로 가는 게 좋겠다고 했다. 응접실을 나오면서 글레멘드와 유오디아를 다시 보게 되었다.

집에 들어오면서부터 시작된 예배

"이제 예배가 시작되는 건가?" 글레멘드에게 물었다.

그러자 그는 나를 의아하게 쳐다보면서 입가에 미소를 띠며 대답했다. "집으로 들어오면서 실제로 예배는 시작되었지."

주의 만찬에 참여하다

우리가 서 있던 응접실과 연결된 식당은 공간이 꽤 넓었다. 여기서도 아굴라와 브리스가는 모임을 매끄럽게 이끌었으며, 나는 이 집에서 모이는 이유를 알 수 있었다. 글레멘드의 아파트라면 아이들을 포함하여 통상 손님 아홉을 접대하기가 어려울 것이다. 아굴라네 아파트의 원주인은 식당은 길이가 폭의 두 배여야 한다는 비트루비우스의 명언에 동의했음이 틀림없다. 그래야 식탁 하나당 소파 셋씩 두 조를 배열하여 성인 열여덟 명까지 앉힐 수 있다. 필요하면 식탁 앞 빈 공간에 긴 의자나 등받이 없는 의자를 두어 대여섯 명의 아이들을 더 앉힐 수 있다. 우리가 들어가자 브리스가(모든 사람은 브리스길라라는 이름을 선호했다)가 우리의 자리를 지정해 주었다. "푸블리우스 씨, 첫 번째 식탁 가운데 소파 맨 끝자리에 앉으시겠어요?"

나는 그녀가 실수했다고 생각했다. 거기는 보통 최고 귀빈을 위한 자리였기 때문이다.

나는 그 자리로 가서 "여기요?"라며 의아한 듯 물었다.

거기는 최고 귀빈을 위한 자리였다

그녀가 미소 지으며 끄덕였으므로, 나는 그 자리에 앉지 않을 수 없었다. 내 옆자리에는 글레멘드와 유오디아가 앉았다. 신분상 내 자리에 앉아야 할 아리스도불로는 유오디아 왼쪽에 있는 덜 중요한 손님을 위한 소파에 그의 종과 함께 앉았다. 나는 그가 이 두 가지 무례를 어떻게 받아들일지 지켜보았으나, 그는 개의치 않는 것 같았다. 어쩌면 그는 분을 잘도 숨기고 있었음에 틀림없다. 과거에 내가 경험했던 식사 자리였다면, 이런 경우 그가 자리를 박차고 나가도 될 만한 상황이었다. 그와 맞은편 소파 상석에 나의 오른쪽으로 약간의 여유를 두고 아굴라가 앉았고, 그 옆으로 브리스가가 앉았다. 식당의 다른 편에 식탁과 소파 셋이 배열되어 있었지만 우리 쪽과 이어지는 가운데 공간을 비워 두어, 그 공간에 아이들 셋이 등받이 없는 접이식 의자에 앉더라도 모두가 서로를 볼 수 있었다. 이 세 개의 소파 가운데 왼편에 아이들의 아버지와 어머니와 큰아들이 앉았고, 반대편 소파 머리 쪽에는 할머니와 막내딸이 앉았다. 이렇게 하니 두 식탁에는 아직 도착하지 못한 손님들을 위한 자리가 남았다.

이윽고 나머지 사람 몇몇이 도착했다. 유대인 직물공

이 아내랑 예쁜 두 딸과 함께 모두와 일일이 인사를 나눈 후 다른 편 식탁에 있는 사람들과 합류했다. 몇 걸음 뒤로 해방 노예 둘이 들어와서 우리 편 식탁 빈자리를 채웠다. 모든 사람은 집주인이 미리 차려 놓은 것들 옆에 각자 가져온 선물을 올려놓았다. 해방 노예 중 하나인 가이오는 유명한 로마인 가정에서 아이들의 가정교사로 일했다. 사실 그는 그 집에서 태어났는데, 충성스런 봉사를 인정받아 나중에 해방되었다. 근래 자주 일어나는 일이다. 전 주인의 요청은 물론 그 자신의 희망에 따라, 전에 하던 일을 계속하고 있다. 다른 해방 노예 허마는 전 주인이 쫓아내서 스스로 생계를 꾸려 가고 있다. 지난 몇 달간 일자리가 없어, 지금은 정부 실업수당과 이 작은 공동체의 도움에만 의지해서 근근이 살아가고 있다. 아굴라는 내게 그들과 그들의 상황을 소개한 후 일어나서 모두에게 주목해 달라고 요청했다.

아굴라가 주목해 줄 것을 요청했다

"늦었네요. 제10시(오후 4시)도 거의 반이나 훌쩍 지났으니 식사를 시작하면 좋겠습니다. 벨릭스가 주인에게 다시 잡힌 것 같아요. 그러니 언제 도착한다는 말이 없죠. 빌롤로고 씨, 그를 위해 음식을 좀 남겨 주시죠? 그가 함

께 먹지 못할 것 같네요. 모두들 그의 주인이 어떤지 잘 알잖아요." 빌롤로고는 고개를 끄덕이며 큰아들에게 그 일을 맡겼다.

아리스도불로의 종과 빌롤로고의 둘째 아들은 우리가 식당으로 들어오자 곧바로 나가 브리스가를 돕다가 이 순서가 되니 다시 들어왔다. 유대인 직물공의 두 딸도 부엌에서 브리스가를 도왔다. 그런데 식사를 시작하기 전에 아굴라가 자기 부인이 식탁에 차려놓은 빵 한 덩이를 들고 감사 기도를 하겠다고 말했다. 모양을 보니 빵은 가게에서 사온 게 아니라 집에서 만든 것이었다. 아마도 자기들 신에게 바치는 일종의 제물인 것 같았다. 우리 로마인들은 가정 신을 위해 음식과 음료를 조금 남겨 두었다가 식사 후에 그것을 받아달라고 신들에게 바친다. 유대인들은 방식이 달라서, 빵을 떼고 기도한 다음 식사를 시작한다고 들었다. 그런데 지금 벌어지는 걸 보니 한술 더 떴다. 빵의 일부를 신에게 바치는 것이 아니었다. 그 대신 아굴라는 그들의 신이 그들을 위해 무언가를 주었음을 참석자들에게 상기시켰다. 다름 아닌 신의 독생자가 죽음으로써 그들이 살 수 있다는 것이었다.

아굴라가 계속 말을 이었다. "그분은 우리를 위해 자신을 희생 제물로 드리시기 직전에 제자들과 더불어 우리가 지금 하는 것과 마찬가지로 식사하셨습니다. 식사 중에 그들에게 빵을 나눠 주시며 그것이 자신을 나타내는 것이라고 하셨습니다. 몸이 살려면 빵이 필요하듯, 참 생명을 경험하려면 더욱 그분이 필요합니다. 그러므로 우리 역시 이를 행합니다. 이는 바로 그분이 우리가 계속 함께 먹기를 바라시기 때문이고, 오늘 우리가 함께 모인 이유입니다."

> 몸이 살려면 빵이 필요하듯 참 생명을 경험하려면 그분이 필요하다

죽은 자가 이 모든 일을 어떻게 한다는 건지 도무지 이해할 수 없었다. 게다가 아굴라는 이 사람이 처형을 받은 후에 실제로 다시 살아났다고까지 말했다. 내 귀를 의심하지 않을 수 없었지만, 아굴라가 한 말은 정확히 그랬다! 그는 죽은 다음 살아나서 자기 아버지에게로 갔고, 이로 말미암아 그는 누구든지 자기를 따르는 자에게 자기 생명을 줄 수 있는 위치에 서게 되었다는 것이다. 그들이 어디에 있든, 그 수가 얼마든 상관없이 말이다. 이를테면, 그의 일부가 그를 따르는 자들 속에 살아 있다는 말이었다. 최소한 나는 그렇게 이해했다.

아굴라가 말을 이었다. "그분은 육체로는 이 방에 우리와 함께 계시지 않지만 분명 우리 가운데 계십니다. 이 빵으로 시작하여(이때 그는 빵을 큼지막하게 잘라 손님들에게 돌렸다) 함께 먹으면서, 또한 먹는 가운데 서로 나누는 사귐을 통하여, '우리'는 그분을 우리 안에서 직접 경험하는 것입니다."

그는 짧은 기도—이를 기도라 일컬을 수 있다면—로 모든 순서를 마무리했다. 내가 판단하기로는 모든 일이 바로 삶의 자리에서 이루어졌고, 또 평범한 목소리로 진행되었다. 그는 기도하면서 이 모든 것에 대해 그의 신에게 감사하면서, 우리가 이 식사와 이에 수반된 모든 것을 얼마나 고대했는지를 고했다. 그런 다음 사람들이 '그렇습니다', '정말로요', '아멘' 등으로 화답하는 가운데, 자리에 앉아 식사하기 시작했다.

나의 예상과는 전혀 다른 모임이었다. 점잖은 의식이나 이국풍 신비주의도 아니었다. 모든 것이 아주 단순하고 실제적이었다. 나는 그들의 신이 이렇게 엉성하고 일상적인 방식의 행위를 통해 대체 뭘 하려는 것인지 궁금했다. 그들이 자기네 신을 가볍게 여기는 것으로 보였다. 내

의식적이지도
신비적이지도
않은 모임

가 신에 대해 익히 생각하던 방식과는 영 딴판이었다.

친교를 나누다

식사가 어느 정도 진행되는 중에 아굴라가 할머니에게 고개를 돌리며 물었다.

"마리아 님, 이렇게 더운 날씨에 어찌 지내시나요? 올해는 일찍부터 유난히 덥네요."

글레멘드가 그녀의 사정을 말해 주었다. "그녀는 온 가족이 멀리 북부 산지 출신인데 로마로 오신 지 얼마 안 되지. 나이 쉰에도 변화에 잘 적응하셨지만, 피부 질환 같은 것이 도져 자주 불편하시다네."

그녀는 특유의 지방 사투리로 대답했다. "많이 좋아졌어요. 고마워요, 아굴라. 특히 지난주에 모두가 저를 위해 기도해 준 후로 더욱 좋아졌어요."

그러자 어떤 연고를 쓰는 게 좋으니 마느니, 대개 의사의 도움이 제한적이라느니 하는 쪽으로 화제가 옮겨 갔다. 이러는 동안 식사의 첫 순서가 시작되었다. 우리가 흔

히 주식으로 많이 먹는 통밀죽 요리가 나왔는데, 버섯과 올리브와 허브 등 보통 때보다 더 다양한 재료를 다진 소스가 얹혀 있고 꿀맛까지 났다.

"앙트레가 굉장히 맛있네요." 나는 유오디아에게 음식 칭찬을 했다.

"브리스가의 특제 요리인데, 정확히 무슨 재료를 어떻게 배합하는지는 아무에게도 알려 주지 않죠." 유오디아가 설명했다.

화제가 확대되어, 여행 중에 동방에 있는 거대한 치유의 사원에 대하여 들은 말이 있는지 사람들이 내게 물었다. 그곳은 기적적 치유가 많이 일어난다는 곳이다.

나는 내 의견을 말했다. "많은 이야기를 들었지만, 대개 얼토당토않은 것 같더군요. 그런 건 제 눈으로 직접 봐야만 믿겠습니다." <small>눈으로 봐야만 믿겠다</small>

그러자 치유에 있어 전문 의술과 공동체 기도의 관계를 두고 활발히 의견이 오갔다. 이 문제에 대하여 몇몇 사람은 감정이 아주 격해져서 한두 번은 진짜 말다툼이 벌어질 것 같았다. 그러나 아굴라가 적절히 끼어들어 사태는 잠시 후 진정되었다. 내게는 뭐가 뭔지 너무 애매모 <small>진짜 말다툼이 벌어질 것 같았다</small>

호한 문제였다. 그때 나의 시선은 아리스도불로의 종이 막 따르려고 하는 첫 번째 포도주 잔으로 돌아갔다.

우리가 사용하던 접시와 마찬가지로, 잔들도 상류 가정에서나 볼 수 있는 청동이나 은이 아니라 흙으로 구운 그릇이었다. 손으로 집을 수 없는 남은 음식을 떠먹기 위한 큰 숟가락이 놓여 있었다. 또한 식사 전후나 식사 중에 손이나 손가락을 씻을 수 있도록 식탁 위에 물 대접과 수건도 놓여 있었다. 스폰지를 가져와서 닦고 가끔씩 포도주까지 내오는 일은 흔히 종들의 몫이지만, 여기에서는 모든 일을 스스로 한다. 파리를 쫓아내는 일도 스스로 해야 했다. 포도주는 적당한 품질이었고 입속에서 기분 좋고 시원한 맛이 감돌았는데, 꿀이 아닌 물을 타서 내왔다. 아이들은 아리스도불로의 종에게 자기들에게도 부모들에게 주는 만큼 달라고 압박했다.

"제발, 루시아." 그들이 졸라댔다.

"좋아." 그는 대답하면서 아이들이 요구하는 대로 따르는 시늉만 했다.

질병에 대한 토론이 수그러들고 모든 사람이 첫 번째 순서를 마친 다음, 브리스가가 다음 순서를 위해 일어났고, 조금 전에 그녀를 돕던 사람들이 뒤를 따랐다. 그러는 동안 유오디아가 대화에 끼어들며 말했다.

"이번 주에 포르투나투스의 편지를 받았는데 모두에게 안부를 전해 달랍니다."

포르투나투스가 보낸 편지

포르투나투스는 몇 달 전에 내 친구와 함께 로마에 잠깐 머물렀던 것 같다. 그때 그 또한 이 모임에 참석했었다. 그 후로 밀레도로 돌아가서 그곳의 다른 신자들과 깊이 교제했다. 유오디아는 그의 편지 가운데서 그의 최근 소식을 전하는 몇 단락을 읽었다.

아굴라가 말했다. "우리의 따스한 문안 인사를 전해 주시고, 그의 평안을 위해 계속 기도하고 있다고 말해 주세요."

여러 사람이 고개를 끄덕이며 동의했다.

잠시 후 브리스가가 돌아왔을 때, 나는 내게 닥친 행운을 믿을 수가 없었다. 가뜩이나 고기에 입이라도 한 번 대 보고 싶었으니 말이다. 최근에는 고기 맛을 본 적이 거의 없었다. 고기는 언제나 공급이 달렸고 가장 좋은 때에도 가격이 엄청났다. 그런데 식탁마다 큰 접시에 여러 가지 고기가 담겨 나왔고, 또 다른 접시에는 온갖 채소가 담겨 나왔다. 틀림없이 오늘을 위해 한 주 내내 아껴 두었을 거라는 생각이 들었다. 놀랍게도 또다시 내가 맨 먼저 대접을 받았다. 작은 생선 한 마리와 순무와 콩을 덜어 낸 다음 그 위에 향이 좋은 소금 소스를 얹었다. 또한 맞은편에서 아리스도불로가 자기 종의 접시 위에 음식을 덜어주는 것을 보고 나는 놀랐다. 음식을 덜어 주는 데서 그치지 않고 자기 것과 정확히 똑같은 종류를 똑같은 양으로 담았다. 내가 자라면서 본 경험에 의하면, 해방 노예라 할지라도 그에게는 귀빈에게 주는 것보다는 덜 좋은 음식과 포도주를 주고, 그릇마저도 다른 그릇을 냈다. 종들은 식당 밖에서 먹는 것이 상례였다. 지금 또다시 관대하게 대하는 주인 이야기를 하고 있지만, 이런 일은 여전히 드물다.

> 종들은 밖에서 먹는 것이 상례였다

벨릭스가 친구 두로를 데려오다

모두가 먹기 시작하면서 잠시 조용해지자, 그 틈을 타서 아리스도불로는 루시아가 오늘 저녁 모임에서 나누고 싶은 문제가 있다고 말했다. 아굴라는 원하면 지금 말해도 좋다고 손짓했다. 아리스도불로가 막 얘기를 꺼내려고 할 때, 바깥 응접실에서 인기척이 났다. 신을 벗고 실내화로 갈아 신느라 나는 소리였다. 곧이어 젊은이 하나가 문간에 나타났다. 면도를 말끔히 한 우리들 대부분과 달리 그는 턱수염을 기른 상태였다.

"환영해요, 벨릭스." 아굴라가 소파에서 몸짓하며 말했다. 그 종은 매우 미안해하면서 자신이 왜 늦었는지를 설명했다.

벨릭스가 늦었다

"주인님이 야외로 거위 사냥을 보냈는데, 오후가 다 지나서야 끝났지 뭐예요."

아굴라가 말했다. "아무렴, 아무렴, 자네 없이 시작해서 미안하네만, 저녁이 늦어져 어쩔 수 없었다네."

벨릭스가 아직도 문에서 머뭇거리며 말했다.

"실례지만, 아굴라, 만찬 자리가 하나 더 있을까요?"

그가 손짓하자 좀더 어리고 역시 턱수염을 한 젊은이가 조심스레 앞으로 걸어 나왔다.

벨릭스가 말을 이었다. "이 친구는 두로인데, 일전에 말씀드린 제 친구입니다. 주님에 대해 여러 차례 말해 줬

죠. 그런데 이곳에 잠시 머무는 안드로니고와 간밤에 대화하던 중에 갑자기 자신이 자주 듣던 말이 실제로 참이라는 사실을 깨달았죠. 그는 즉시 티베르 강으로 가서 세례를 받았습니다. [나는 그 생각을 하니 소름이 돋았다. 이런 일이 일어날 수 있다니!] 그는 일을 마친 후 곧바로 제게 와서 자기에게 일어난 일을 말했습니다. 그를 데려와도 괜찮을 거라고 생각했습니다."

두로가 티베르 강에서 세례를 받았다

아굴라가 소파에서 일어나 곧바로 새로운 손님에게 가서 그를 껴안으며 말했다.

"여기 온 걸 환영하고 말고요. 진심으로 환영해요. 당신을 위해 저기에 자리를 준비하겠습니다. 약간 비좁긴 하지만, 괜찮으시죠?"

이미 브리스가는 부엌에서 남은 음식을 가져오고 있었다.

그들이 자리를 잡을 때, 브리스가가 말했다. "음식부터 드세요. 질문할 시간은 나중에 얼마든 있답니다. 우선 여기 있는 분부터 소개해 드리죠."

루시아의 해방에 대해 토론하다

아굴라가 말했다. "루시아, 아까 하려던 말을 계속해요."
종이 대답했다. "사실 조금 멋쩍네요. 아리스도불로 님과도 관계된 일이어서요. 하지만 아리스도불로 님이 제게 직접 말하라고 북돋워 주셨죠. 문제란 다름 아니라 아리스도불로 님이 저를 해방시키신다는 거랍니다. 전 그분의 제의가 감사하면서도 과연 이래도 되는 건지 판단이 서지 않습니다. 여태껏 하나님이 그분을 섬기라고 저를 부르셨다는 확신으로 살아왔으니까요. 그 일을 위해서라면, 지금 이대로가 제겐 가장 좋거든요. 그러나 주인님은 제가 해방되는 것이 더 좋다고 생각하실 뿐 아니라, 일하는 환경이 바뀔 이유도 없다고 보신답니다."

아리스도불로도 동의를 표하면서 자신이 생각하는 이유를 더 들었다. 그러자 주인과 종에게 다양한 질문이 쏟아지면서 일이 더 확대되었다. 실제로 해방 상태와 노예 상태의 일반적 문제에 대해 활발한 토론이 이루어졌으며, 해방 노예 둘이 각각의 장단점에 대해 많은 얘기를 했다. 분명 단순한 문제가 아니었다. 해방 노예가 되면 개인적

루시아의 해방을 원하는 아리스도불로

사회적 유익이 있는 반면, 물질적 손해를 보는 경우도 잦았다. 허마의 주인도 그런 경우지만, 종들에 대한 의무를 저버릴 꼼수로 종들을 해방시키는 주인이 요즘 너무도 많았다. 심지어 종을 해방시키는 조건으로 같은 자리에서 일은 똑같이 시키면서 그동안 제공했던 집과 음식은 주지 않는 주인들도 있었다. 일부 해방 노예들은 가축우리 같은 곳에서 살 수밖에 없는 처지에 수치를 느꼈고, 박봉으로 살다 보니 전에 누리던 가정생활이 파탄 날 정도였다. 최소한 원하는 곳에서 일거리를 찾을 수 있는 일용 노동자보다도 훨씬 더 형편이 어려운 경우도 있었다.

토론은 점차 문제의 쟁점으로 돌아왔다. 양쪽 의견이 팽팽히 맞섰고, 같은 이야기가 돌고 도는 방식으로 대화가 진행되었다.

브리스가가 아굴라에게 물었다. "이 문제에 대해 바울이 무언가 말하지 않았던가요?"

<small>바울이
고린도의 옛 교회에
보낸 편지</small>

아굴라가 대답했다. "맞아요, 우리가 예전에 속해 있던 고린도 교회에 보낸 바울의 편지 가운데 하나에서 그가 무슨 말을 했었죠."

"어느 편지인지 기억나요?"

그는 잠시 곰곰이 생각하더니 말했다.

"첫 번째 편지에서 결혼과 독신 생활에 대해 말한 부분이었던 것 같아요. 침실에 있는 상자에 다른 문서들과 함께 있을 거요. 미안하지만 좀 가져다줄래요?"

브리스가 방을 비운 사이에 아굴라가 내게 말했다. 바울은 로마 제국 전역에서 여러 모임을 시작한 자신들의 오랜 친구인데, 지금은 로마 어딘가에 가택 연금된 상태로 유대에서 제기된 날조된 고소 사건에 대한 재판을 기다리는 중이었다. 바울은 일상생활에 영향을 미치는 문제를 다루는 특별한 지혜가 있으므로, 그런 문제에 대해 개인적으로 그와 상담하거나 그가 쓴 글을 살펴보면 도움을 받는 경우가 잦다는 것이었다. 브리스가 돌아오자, 아굴라는 두루마리에서 금방 그 부분을 찾아 읽어주었다.

바울은 대체로 현 상태에 만족하고 그것을 바꾸지 말라고 조언했다. 종으로 있는 사람은 자신의 종 됨을 남을 섬길 기회로 여기라는 것이다. 우리의 위치가 어떠하든, 그것이 바로 우리 모두의 기본 책임이기 때문이다. 그러나 자유를 얻을 기회가 생기거든, 다른 사람들처럼 자유

> 오랜 친구
> 바울

인 되기를 주저하지 말라고 했다. 새로운 상황에 바르게 접근한다면, 실제로는 남들을 도울 새로운 방법을 발견할 것이기 때문이다. 그러면서 주인들 자신도 실제로는 그리스도에게 종이며, 종들도 본질적인 면에서는 실제로 자유인임을 기억하라고 말했다.

> 주인도 실제로 종이고 종도 실제로 자유인이다

이러한 조언으로 토론은 확실히 더 생산적인 방향으로 전환되었고, 나조차도 나 자신에 대해 생각할 거리가 생겼다. 이제 대화는 바울이 이렇게 판단한 근거를 중심으로 돌아갔다. 자유를 얻음으로써 루시아는 어떤 방식으로 아리스도불로를 더 만족스럽게 섬길 수 있는지, 혹은 루시아의 경우 바울이 제시한 원칙에서 예외를 적용해야 하는 특수 상황은 없는지 등에 대한 토론이 있었다. 이 모든 과정을 통해, 루시아와 그의 견해를 지지했던 사람들은 아리스도불로의 제안에 대해 더 긍정적 태도로 생각을 모으는 것 같았다. 그러나 분명히 루시아에게는 깊이 생각해 볼 문제가 더 남아 있었다. 그는 그렇게 말하면서, 다음 순서를 위해 브리스가를 도와야 한다며 자리에서 일어났다.

종교적 격식에 매이지 않는 모임

잠시 쉬는 동안 빌롤로고는 사람들에게 그의 맏딸이 모임을 위해 작은 것을 준비했다면서 지금 발표하고 싶다고 했다. 만찬 중에는 흔히 그런 막간 순서가 있게 마련이므로 나는 그의 제안에 전혀 놀라지 않았다. 온 방안이 격려하는 소리로 웅성거리는 가운데, 소녀는 자리에서 일어나 모든 사람이 보이는 벽 쪽으로 다가갔다.

하나님이 지으신 것을 노래함

소녀가 말했다. "노래인데요. 제가 만든 거고요. 하나님이 지으신 온갖 만물에 대한 거예요."

소녀가 노래했다. 아주 자신 있고 맑고 진심 어린 목소리였다. 노래가 끝나자 모두가 박수를 쳤다. 물론 아이들의 박수소리가 제일 컸다. 아리스도불로는 낭랑한 목소리로 '브라보'를 외쳤다! 브리스가와 다른 사람들은 방해하지 않으려고 문가에서 기다리고 있다가 디저트를 갖고 들어왔다. 사과, 포도, 배, 무화과가 보였다. 우리는 대접에 담긴 물로 손가락을 깨끗이 씻고 수건으로 닦은 다음 과일을 골라 들었다.

여기저기서 삼삼오오 모여 대화를 나누는 동안(바로 옆에 있는 모임에서는 경기장에서 벌어진 전차 경주의 윤리성에

대한 토론이 한창이었다), 참석한 사람들이 보여 준 모임 참여도를 곰곰이 생각해 보았다. 이런 열띤 토론은 나로서는 처음 겪는 일이었다. 여태껏 내가 참석했던 만찬 모임에서는, 만찬이 진행되는 동안 손님들은 최대한 자유를 만끽하며 주변에서 일어나는 일은 아랑곳하지 않고 편지를 쓰거나 받아쓰게 하거나, 이웃과 비즈니스를 하거나, 꾸벅꾸벅 조는 일이 허다했다. 이 모임의 참석자들은 예의 바르게도 남은 음식과 포도주를 함부로 바닥에 버리지도 않았다. 다소 산만하긴 했으나, 단정하면서도 도를 넘지 않았다. 흔히 보이는 무례도 범하지 않았다.

그러나 이 모임 전체에는 종교적으로 볼 때 의아스러운 점이 많다는 느낌을 받았다. 내가 아는 한, 그때까지 일어난 일들 가운데 종교적인 내용이라곤 거의 없었다. 사람들이 기대하는 예전의 틀은 고사하고, 어째서 사제조차 없단 말인가. 아니면 더 진정한 종교성과 같은 무언가가 또 있었던 것일까?

이 마지막 순서가 진행되는 동안, 나는 아굴라와 대화할 기회를 잡아 그의 본도 시절 이야기로 되돌아갔다. 그는 본도에서의 과거 경험과 현재도 이어지고 있는 관계에

사제조차 없었다

대해 말해 주었고, 나의 여러 질문에도 답해 주었다. 그러나 잠시 후 그를 찾는 사람이 있어, 나는 식탁 너머로 몸을 굽혀 아리스도불로와 대화했다. 그가 이 모임에 나오게 된 내력을 설명하기까지는 그리 오랜 시간이 걸리지 않았다. 그는 얼마 전부터 우리의 전통 종교의 능력에 대해 의문을 품게 되었다. 유대인의 유일신 사상에 대한 강조와 윤리적 관점에 오랫동안 깊은 인상을 받아오던 중, 하루는 유대인의 회당엘 슬쩍 들어갔다가 거기서 진정한 대안을 발견했다. 그렇다고 유대교로 완전히 넘어간 것은 아니었다. 유대교의 일부 음식 규정과 야만적인 할례 관습 때문에 더는 유대교로 깊이 들어갈 수가 없었다. 친구들에게는 자신이 유대교 회당을 드나든다는 사실을 함구했다. 그의 아내는 그런 그를 매우 탐탁지 않아 했지만, 자신의 사회적 지위와 정치적 충성심이 의심받지 않도록 누구에게도 어떤 말도 하지 않았다. 그러다 아굴라와 브리스가를 만난 후에는 이 모임과 연결되었다. 자기 종에게는 모임에 나오도록 설득했으면서도, 자기 아내에게는 이 모임이 뭔가 다르다는 확신을 주지 못했다.

유대인에게 깊은 인상을 받은 아리스도불로

놀이하는 모임

이때 아굴라의 손짓에 루시아가 우리 식탁에 놓인 잔을 다시 채우기 시작하자 대화가 끊겼다. 벨릭스도 다른 식탁에서 똑같이 했다. 그러자 아굴라가 자신의 잔을 두 손으로 잡고 말했다.

"우리가 마셔 온 이 포도주는 식사의 한 부분이며, 주 안에서 나누는 우리의 사귐에 도움이 되었습니다. 그러나 이 포도주에는 더 큰 의미가 있습니다. 예수님이 설명하신 대로, 이 포도주는 예수님이 자신의 죽음을 통하여 이 사귐의 끈을 창조하신 분임을 상기시켜 주기 때문입니다. 이는 또한 언젠가는 우리가 그분의 식탁에 앉아 얼굴을 맞대고 먹으면서 함께 누릴 사귐의 약속을 보여 주는 것입니다. 그러므로 이 잔을 함께 마실 때 이 둘을 마음에 새기면서 감사합시다. 이미 해 주신 일을 감사하면서 돌아보고, 앞으로 해 주실 일을 고대하면서 바라봅시다. 그리하여 우리의 만남을 통해 그분과 함께하는 하나 됨을 더욱더 드러냄으로써, 이른바 이 땅 위에서 하늘을 조금이나마 맛볼 수 있기를 바랍니다."

우리는 모두 이러한 마음으로 마셨다

우리는 모두 이러한 마음으로 마셨다.

이제 만찬이 사실상 끝났으므로, 여러 손님들은 만찬에 대해 마음에서 우러난 감사를 표했다. 무례를 범치 않기 위해 나도 분위기에 맞춰 그렇게 했다. 브리스가와 아굴라는 우리가 이렇게 즐거움을 표현하는 모습에 적당히 기쁜 듯이 보였으며, 고맙다는 뜻으로 가볍게 고개를 끄덕였다.

아이들과 종들이 자리를 뜨고 손님들이 일어나 다리를 뻗자, 브리스가는 식탁 위에 놓인 컵받침 모양의 질그릇 등잔에 기름이 있는지를 살폈다. 또 심지 길이가 적당한지도 확인했다. 그러나 아직 완전히 어두워지지 않아, 곧바로 심지에 불을 붙이지는 않았다. 기름이 너무 비싸서 낭비할 수 없음을 모두 잘 알고 있었다. 아이들은 어디선가 놀이감을 꺼내 온 루시아 주변에 모두 모여 멀리 떨어진 방 한구석에 앉아 놀았다. 좀더 나이 든 소녀 가운데 하나가 삼목놀이를 가져왔고, 소년 둘은 공기놀이를 하기 시작했다. 나는 방을 둘러보다가 한동안 아이들을 바라보았다. 이기고 싶어 기를 쓰는 척하면서도 간신히 져 주는 루시아의 재주에 푹 빠졌던 것이다. 루시아가 지자 라우쿠스는 흥이 나서 소리치다가 좀 조용히 하라는 부모의 말에 약간 진정했다.

> 라우쿠스를 진정시키는 부모

그러는 사이에 소파로 다시 모이는 사람도 있었고, 화장실을 가려는지 방을 나가는 사람도 한둘 있었다. 이 집은 다른 아파트 거주자들과 지층에 있는 화장실을 공유할 수 있어 다행이었다. 내 자리로 돌아오고 나니, 만찬이 끝나고 무슨 일이 벌어질지 궁금해지기 시작했다. 보통 이 시간대에는 농담이나 이런저런 이야기를 늘어놓거나 윤리나 책에 대한 토론을 하는 등 일반적인 대화를 한다. 물론 술은 넉넉히 제공된다. 그러나 잔들이 다 치워졌기 때문에, 더는 술을 즐길 수 없을 것 같았다. 그러나 어떤 일이 일어날지 누가 알겠는가.

나는 소파 쿠션 하나에 편한 자세로 기댄 채 발을 실내화에서 빼어 편히 풀어 준 후 모자이크 무늬의 시원한 바닥에 내놓았다. 아굴라와 브리스가 정도가 사는 집이라면 보통은 바닥이 테라코타나 시멘트로 깔려 있을 것으로 예상할 것이다. 그러나 원래 귀족풍으로 꾸며진 덕에, 이런 면에서도 그들에게는 행운이었다. 방은 더없이 쾌적했다. 옆으로 커튼이 붙어 있는 일정한 간격의 창살

> 방은 쾌적했다

달린 창을 통해 벽 한쪽으로 적당한 빛이 들어왔다. 하얀 회반죽을 바른 벽은 여러 개의 태피스트리와 벽걸이로 장식되어 있었다. 이런 장식품들은 꽤 일반적인 주제를 담고 있지만, 만듦새가 아주 뛰어났다. 소파와 식탁은 수수했다. 상류층 가정에서 볼 수 있는 결이 멋진 목재와 공들여 깎은 목공예품 대신, 낮은 나무 탁자에는 요즘 유행하는 높낮이 조절이 가능한 금속제 다리가 붙어 있었다. 소파의 머리판 디자인도 아주 단순했다. 소파에 덮은 천은 고품질은 아니었으나 그런대로 괜찮은 재질이었으며, 자수는 사치스럽기보다는 솜씨 좋은 수작업이었다.

노래 부르기와 대화식 기도

자기 신의 영에게 인도를 구하는 아굴라

모두가 자리에 앉고 루시아가 놀이도구를 챙기자, 아굴라는 고개를 약간 숙이고 자기 신의 영에게 앞으로 진행할 모든 순서를 인도해 달라고 구했다. 전과 마찬가지로 이번에도 아주 간단하고 실제적으로 기도했다. 기도를 잠시 멈춘 후에는 노래를 한 곡 하자고 제안했다. 특별히 아이들이 좋아하는 노래였다. 모두가 좋아했다. 멋진 바리톤 목청의 가이오가 선창하자 곧 모두가 따라 불렀고, 아이들은 손뼉 치며 노래했다. 잠시 후에는 나도 그럭저럭 따라 불렀다. 나는 좋은 노래 부르는 것을 정말 좋아했지만, 마음껏 불러 볼 기회는 별로 없었다. 마지막 합창부에서는 지붕이 들썩일 정도였는데, 옆집 사람이 뭐라 생각하든 아랑곳하지 않았다!

노래가 끝나자마자 글레멘드가 눈을 감고 자기 신에게 말하기 시작했다. 그 역시 아굴라처럼 자기 신이 마치 같은 방 안에 있는 가까운 친구인 것처럼 아주 일상적인 말투를 썼다. 신과 대화하면서 글레멘드는 앞서 노래할 때 여러 번 나온 말을 반복했다. 세상은 우리에게 온 신의 선물이라는 내용이었다. 이상하다고 생각했다. 글레멘드는 이에 대해 약간 길게 설명했다. 매일 사용하고 보고 듣고 냄새 맡는 것들에 대해 자세히 말했다. 우리가 너무나 당연시했던 것들이 신의 손길에서 온다는 말이었다. 그가 말하는 사이에 방 안에 있는 다른 사람들은 간혹 작은 소리로 웅얼거리며 동의를 표했다. 마지막에 가서는 모두가 큰 소리로 아멘 하며 동의를 표했다.

일상적인 말투로 자신의 신에게 말하는 글레멘드

**남녀는 물론
아이들도 말했다**

다른 사람이 말할 때도 똑같은 식이 되풀이되었다. 남자와 여자는 물론 아이들까지도 마찬가지였다. 신과의 대화 가운데는 글레멘드처럼 긴 경우도 있었지만, 몇 마디 안 되는 경우도 있었다. 대개는 글레멘드가 첫 번째 노래에서 뽑아낸 주제를 이런저런 방식으로 따랐다. 예컨대, 어느 단계에서 유대인 직물공은 자기 민족을 다른 민족과 구별해 준 일들을 열거하면서, 또 신에게 보답하지 못한 끊임없는 잘못에 대해 용서를 구하면서, 자신의 조상에게 베풀어 준 신의 너그러움에 감사했다. 두로도 아주 더듬거리며 한두 문장으로 말했다. 신이 자신을 위해 해 준 많은 일에, 특히 하나밖에 없는 자신의 아들을 선물로 주었음을 이제 이해하게 된 것에 감사했다. 이 말이 끝나자, 각 가족의 가장을 포함하여 한두 명이 방을 가로질러 와서 두로의 머리에 손을 얹고, 그가 그들의 공동체에 온 것을 환영하면서 앞으로도 계속 돌보겠다는 서약을 했다. 두로는 이 말에 감동하여 눈물을 흘렸고, 그들에게 고마운 마음을 어떻게 표현해야 할지 몰라 했다. 이 일이 내겐 이상했지만, 나도 약간의 감동을 받았음을 부인할 수 없었다. 다들 자리로 돌아가자, 허마가 이런 상황에 특

**두로의 머리에
손을 얹었다**

별히 들어맞는 성경의 시 한 소절이 있다고 말했다. 한참 동안이나 암송하는 것으로 보아, 그는 이런 유에는 암기력이 뛰어났음에 틀림없었다.

암송을 마친 후 허마가 두로에게 말했다. "하나 써 드릴까요? 쉽게 쓸 수 있답니다."

두로는 고개를 끄덕였지만, 앞서 벌어진 일과 자신에게 쏟아진 사람들의 관심에 여전히 압도되어 있는 것 같았다.

은사에 대한 아굴라의 가르침

잠시 진행을 멈춘 사이에, 브리스가가 일어나 등불을 켰다. 이제 바깥은 거의 칠흑같이 어두워졌고, 방안 맞은편에 있는 사람조차 거의 보이지 않았다. 브리스가가 등불을 밝히는 동안, 허마가 유대인의 성경에 나오는 이야기 하나를 하기 시작했다. 과거의 위대한 영웅들 가운데 하나인 다윗에 대한 이야기였다. 그가 이야기하는 방식으로 보건대, 그들은 모일 때마다 다윗의 생애를 여러 부분

**허마의
다윗 이야기**

으로 나누어 들어 왔던 것 같았다. 허마는 훌륭한 이야기꾼임에 틀림없었다. 이야기 도중에 소리를 내는 사람이 어른은 물론 아이들 가운데 하나도 없다는 것만 보아도 알 수 있었다. 이번에는 아리스도불로가 추천한 노래를 불렀다.

아굴라가 은사에 대해 말했다

아굴라가 말하기 시작하자 모두가 편한 자세로 앉았다. 과거 어느 때보다도 오늘날에는 신의 영이 더 많은 은사를 주셔서 모두가 하나 이상은 받게 되었다는 말로 시작했다. 이 은사들에는 서로에게 말이나 행동으로 하는 것이 있다고 했다. 신에 대해서나, 서로에 대해서나, 세상에서 맡은 책임에 대해서나, 주변에서 일어나는 일들에 대해서나 더 잘 이해할 수 있는 은사도 있다고 했다. 교인들의 문제를 개인적으로 도와주거나, 사람들을 조화롭고 응집력 있는 모임으로 결속시켜 주는 은사도 있다고 했다. 재정적으로 어려운 사람을 도와주거나, 질병과 같은 신체의 필요를 돕는 은사도 있다고 했다. 너무 심오해서 일반 언어로는 옮길 수 없는 것을 그들의 신에게 전하거나, 다른 사람이 전한 것을 설명하도록 돕는 은사도 있다고 했다. 이 모두는 다른 사람들과 공유해야지 이기적으로 숨겨두거나 자기 혼자만 누려서는 안 된다고 했다. 모든 은사가 합력하여 삶의 모든 면에서 참석자 각각은 물론 모임 전체의 성장을 위한 자원을 제공한다고 했다. 바로 이것이 모든 사람이 어떤 능력을 받았는지를 발견하고, 그 능력을 언제 어떻게 행사하는지를 분별하며, 다른 사람의 은사를 받아들일 때 그것이 얼마나 참인지 아니면 단순히 개인의 의견인지를 신중하게 재는 것이 중요한 이유라고 했다.

아굴라는 역설했다. "무엇보다도 모든 은사 가운데 가장 중요한 은사를 발휘하기를 열망하십시오. 그것은 하나님의 말씀을 서로에게 도움이 되도록 적실하게 말하는 것입니다. 또 서로를 참 사랑으로 돌보는, 무엇보다도 가장 중요한 자질을 드러내도록 합시다."

가장 중요한 은사

아굴라는 참석한 모두에게 이를 행하라는 직접적 도전으로 말을 맺었다.

그는 "우리 인생의 복은 개인으로나 모임 전체로나 그것에 달려 있습니다"라고 엄숙히 지적했다.

그의 말이 끝난 후 잠시 침묵이 흐른 것이 전혀 놀랍지 않았다. 우리의 대중적 도덕가들처럼 상투적이고 화려

꾸밈없는
말의 힘

한 꾸밈이 없었음에도 불구하고, 그의 말에는 부인할 수 없는 힘이 내재되어 있었기 때문이었다. 나도 그렇게 느꼈다. 비록 그가 한 모든 말을 완전히 이해하지는 못했지만. 침묵이 흐르는 가운데 엄마 팔에 안겨 잠든 빌롤로고의 막내와 반쯤 잠든 채 오빠에게 기대어 있는 다른 딸아이가 눈에 들어왔다. 커튼 사이로 슬며시 들어오는 한 줄기 미풍에 등불이 흔들리고, 곱슬머리 모양의 연기가 공중으로 천천히 피어올랐다. 온 벽에는 우리의 몸이 그려 내는 거대한 그림자가 빛의 리듬에 따라 움츠러들었다 커졌다 했다. 밖에서는 주간 통행금지 이후에 도시로 들어오는 엄청난 인파의 웅성거림이 점점 커지고 있었다. 이 방은 창이 바깥 거리 쪽이 아니라 안쪽을 향했고, 벽 또한 견고하게 세워졌으니 그나마 다행이었다. 그렇지 않았다면, 말소리가 잘 안 들렸을 것이다.

권면과 서로를 위한 기도 후에 모임을 마치다

직물공의 아내가 말하기 시작했다. "여기 앉아 아굴라가

한 말에 대해 생각하다 보니, 하나님이 제가 말하기 원하신다는 사실을 깨달았습니다. 우선은 우리 모두에게이고, 다음으로는 특정한 한 분에게입니다. 하나님은 우리에게 서로 나눌 것을 더 많이 주시리라는 것과, 우리가 지금 경험하는 것들을 더 유용하게 하시리라는 것을 알기 원하십니다. 이런 일은 우리가 은사 그 자체를 구하기보다는 서로를 섬기는 일에 집중할 때 일어날 것입니다. 만일 기꺼이 그렇게 하고자 한다면, 우리는 모임 바깥에서 그리고 우리가 주를 위해 영향을 미치고 싶은 사람들 사이에서 우리의 은사를 사용할 영역을 더 많이 발견하게 될 것입니다. 특히 루시아, 하나님은 아리스도불로가 당신에게 주고 싶어 하는 자유의 결과가 바로 그것임을 당신이 확신하기를 원하십니다. 그 자유를 통해 당신은 더 다양한 방식으로 아리스도불로를 섬길 뿐 아니라, 지금까지 당신에게 닫혀 있던 방식으로 다른 사람들을 섬길 수 있을 것입니다. 그러므로 확신 가운데 이 일을 계속 추진하십시오."

> **루시아, 확신 가운데 이 일을 계속 추진하십시오**

그녀가 말을 맺자, 이제 당신도 충분히 상상이 가겠지만, 짧게 토론을 한 다음 대체로 매우 긍정적인 반응을 보였다. 진행을 잠시 멈춘 후에, 가이오가 일어서더니 할머니 마리아에게로 걸어갔다. 가이오는 할머니 옆에 서더니, 자기 손을 할머니 머리에 얹고 다른 사람들에게 그녀를 위해 기도하자고 요청했다. 그러고 나서 할머니를 위해 하나님의 치유의 능력을 구했다. 지난 한 주간 차도가 있었던 것에 감사하면서, 할머니가 완전히 낫기까지 하나님의 치유가 계속되기를 간구했다.

가이오가 마리아의 머리에 손을 얹었다

이것이 모임에 참석한 다른 이들의 삶을 위해 기도를 모으자는 신호인 것 같았다. 사실 기도가 계속 이어져, 나는 조금씩 졸리기 시작했다. 다른 이유도 있었지만 무엇보다도 등불 연기 때문이었을 것이다. 내가 자신들의 지나치게 긴 기도에도 잘 버틴다고 생각하는 사람도 있었을 것이다. 나는 글레멘드도 내 느낌과 비슷하다는 인상을 여러 번 받았다. 견디기 힘들었는지 이리저리 실내화 끄는 소리를 냈고, 체념한 듯 한숨을 내쉬기도 했으니 말이다. 그러나 마침내 모두가 아는 짧은 작별 노래를 함께 부르자는 아굴라의 제안으로 기도 순서가 마무리되었다. 모두가 노래를 불렀고, 모임은 끝났다.

모임은 끝났다

그러나 아주 끝난 것도 아닌 것 같았다. 모임이 실제로 시작한 때에 대해 글레멘드가 내게 한 말이 기억났으니 말이다!

빌롤로고 부부는 집주인에게 작별 인사를 하고 아이들을 데리고 집을 나섰고, 브리스가가 그들을 배웅했다. 미안하지만 너무 늦어 떠나야 한다며 두 번째 가족도 작별 인사를 하였다. 두 가족 모두 나가는 길에 내게 들러 로마에서 머무는 동안 편히 지내기를 바란다고 했고, 한 가정은 다음 주 저녁 식사에 초대했다. 물론 기꺼이 수락했다. 남은 사람들은 몇몇씩 모여 대화를 나누었고, 배웅을 마치고 돌아온 브리스가는 포도주를 더 내왔다. 방 한쪽 구석에서 아리스도불로가 허마와 대화하면서 다른 사람의 눈은 아랑곳하지 않고 얼마간의 돈을 은밀히 건네는 모습이 보였다. 종 둘도 작별을 고하자, 아굴라가 방을 거쳐 현관까지 배웅했다. 우리도 떠날 작정으로 그들을 따라 방으로 갔다. 바로 우리 앞에서 브리스가는 막 떠나려는 두 종을 세워 놓고 남은 음식을 보자기에 가득 담아 그들의 손에 쥐어 주었다. 그들이 떠난 후 우리도 작별 인사를 했다. 나는 집주인에게 초대해 준 것에 대해 진심으로 감사를 표했다. 그들은 내가 로마에 머무는 동

외투와 신을 챙겼다

안 언제든 글레멘드와 유오디아와 함께 오면 환영한다고 분명히 말했다. 신을 받은 후, 나 말고는 모두 입을 맞추며 작별 인사를 했고, 아굴라와 브리스가는 사람들을 신의 은총으로 축복했다. 우리는 외투를 집어 어깨에 걸치고 밤길을 나섰다.

밤길을 나서며

바깥은 칠흑같이 깜깜했다. 우리 수도 로마의 도로는 큰일이 있어야만 불을 밝히기 때문에, 아무 때나 도로를 다니는 것은 결코 쉽지 않았다. 달이 꽤 차고 하늘 높이 뜰 때에나 다닐 수 있었다. 앞에 있는 두 종 말고 거리는 텅 비어 있었다. 그들의 소리는 들렸지만 모습은 보이지 않았다. 대부분의 사람들이 잠자리에 든 지 이미 몇 시간이 지났다. 우리 로마인들은 일찍 일어나서 낮 시간을 최대한 이용하려는 경향이 있기 때문이다. 등불은 깜박거리고 방에는 연기가 자욱하기 때문에 밤늦게까지 자지 않는 것은 좋지 않다.

"벨릭스," 글레멘드가 종 가운데 하나를 부르며 말했다. "가는 데까지 함께 가요. 그게 더 안전하겠지."

다른 종도 동의하여, 둘은 우리가 그들을 따라잡을 때까지 기다렸다. 그때 아리스도불로도 출입문을 나와 우리 뒤에 나타나 말했다.

"너무 멀리 갔으면 어쩌나 했어요. 루시아가 횃불을 들고 있으니, 함께 가면 모두에게 도움이 될 거예요. 조금 더 걸리긴 하겠지만 별 문제 아닙니다. 필요하면 서로 돕고 살아야죠. 그렇지, 루시아?"

그 제의가 싫지 않았다. 로마는 밤도둑과 노상강도로 악명 높았다. 들개는 말할 것도 없고, 돼지마저도 제멋대로 온 사방을 돌아다녔다. 좁은 거리에서 길을 제대로 찾지 못했다가는, 주간 통행금지 이후에 도시를 드나드는 커다란 짐마차에 목숨을 잃거나 부상을 입을 수 있다. 조심해야 할 건 이것만이 아니었다. 여전히 아무도 볼 수 없는 어둠을 틈타 창밖으로 구정물통이나 변기통을 비우는 사람들이 정말 많았다. 이런 상황에서는 속수무책 당할 수밖에 없었다. 이런 시간대에 밖으로 나올 때는, 그저 기도하며 행운을 비는 수밖에 없었다.

루시아가 횃불을 들다

기도하며 행운이나 빌다

걸으면서 다른 사람들은 그날 밤에 있었던 일에 대해 대화했고, 나는 오후에 집을 나선 후 일어난 일에 대해 돌이켜 보았다. 내 예상과는 아주 달랐지만, 대체로 그날 저녁이 즐거웠다. 사람들 자체가 확실히 인상적이었다. 그뿐이 아니었다. 그들이 어떤 예절을 무시할지, 어떤 신조를 고수할지, 광신에 빠져 있지는 않을지 걱정이 많았었다. 그러나 만찬 중은 물론 만찬 후에 이루어지는 그들의 대화에는 이상하게도 그 자체로 무시할 수 없는 무언가가 있었다. 그들의 행동에는 틀림없이 실제적인 무언가가 있었다. 그러나 그들의 모임은 종교적 관점에서는 부적합한 부분이 꽤 많았고, 그들의 어떤 행동은 아주 이색적이어서 상당히 당혹스러웠다. 아굴라와 브리스가의 초청을 받아들여 다음 주 모임에 갈지는 아직 모르겠다. 뭐라 말하기 힘들다. 확신이 없다. 하지만 어쩐지 응할 것 같다는 예감이 든다.

역자 후기

이 책에 등장하는 교회는 책 속의 이야기만은 아니다. 나 역시 이 책에서처럼 실제로 부엌에서 예배가 시작되고, 감동이 있으면 누구라도 발언하고 기도하며 춤출 수 있는 교회에 참여하기도 했고, 지금도 15년째 거실에서 작은 교회로 모이고 있다. 그렇지만 사람들이 "가정교회로군요?"하고 물으면, "가정교회 아닌데요"라고 답한다. 저자 뱅크스 역시 『교회, 또 하나의 가족』(한국 IVP)에서 확대가족으로서의 교회를 강조하지만, 그렇다고 '가정교회'의 외형 자체를 교회의 표준으로 삼지는 않는다. 교회 갱신을 위해 가정교회나 작은 교회로 돌아가야 한다는 외침도 많고, 교회의 외형과 구조가 교회의 본질과 밀접한 관계가 있음은 물론이다. 그러나 교회는 시대와 상황에 따라 참으로 다양한 모습으로 존재해 왔고 또 존재할 수 있다. 그러므로 이 책은 단순한 가정교회 안내서가 아니다. 교회의 본질이 역동적으로 드러난 살아 있는 교회의 모습을 통해 교회의 새로운 가능성을 열어 주는 책이다.

이 책은 얼마 안 되는 분량에도 불구하고, 교회가 담아야 할 매우 다양한 모습을 생생하게 보여 준다. 종과 주인, 여자와 남자, 가난한 자와 부자, 아이와 어른과 노인, 가족과 독신, 해방과 자유, 세상과 교회, 직업 소명과 신분, 성만찬과 세례, 논쟁과 조정, 상황과 말씀, 식사와 성찬, 일상과 초월, 공간과 시간, 의외성과 규칙성, 참여와 권위, 본질과 형식, 치료와 치유, 그리고 예수 그리스도! 덩치만 크지 단조롭기 그지없는 오늘날의 어떤 대형 교회보다도 열아홉 명으로 이루어진 이 작은 공동체에서 우리가 오랫동안 잃어버린 교회의 본질과 다양하고 풍성한 모습을 발견할 수 있을 것이다.

우리는 세상 속에서 성도가 서로 교통하는 교회를 믿는다. 교회는 '나가거나 안 나가는 곳'이 아니다. 우리 자신이 교회고, 교회는 매순간 새롭게 태어나는 생명체다. 푸블리우스와 함께 2천 년 전 로마에서 모였던 원초적 교회의 방문자가 되어 오늘의 교회를 위한 상상력과 확신을 길어 올리기를 바란다.

신현기

교회를 세우는 IVP 책

건강한 교회, 이렇게 세운다
류지성·배종석·양혁승 | 무선 328면
경영학 도구와 다양한 교회 사례를 통해 건강한 교회와 조직이 갖추어야 할 성경적 원칙과 방법론을 제시한다.

교회 The Church
에드먼드 클라우니 | 황영철 옮김 | 무선 384면
교회론 및 그와 관련된 거의 모든 주제를 조직신학과 성경신학의 관점에서 정밀하게 기술한 개혁주의 교회론 교과서.

교회DNA Decoding the Church
하워드 스나이더 | 최형근 옮김 | 무선 328면
교회의 머리이신 그리스도와 그의 몸 된 교회의 유기체성을 DNA라는 유비를 통해 풀어내고 현대 교회에 적용한다.

교회, 나의 고민 나의 사랑 Church: Why Bother?
필립 얀시 | 윤종석 옮김 | 무선 120면
실망과 회의 속에서도 결국 교회가 희망이자 사랑의 대상임을 깨달은 우리 시대 최고의 이야기꾼이 들려주는 교회 이야기.

교회 너머의 교회 Joining God, Remaking Church, Changing the World
알렌 락스버러 | 김재영 옮김 | 무선 200면
와해와 분열에 직면한 교회가 교회 중심적 모드에서 벗어나 하나님께 참여하여, 경청, 분별, 실험, 성찰, 결정으로 체질을 개선하도록 촉구한다.

교회, 또 하나의 가족 The Church Comes Home
로버트 뱅크스 | 장동수 옮김 | 무선 334면
확대 가족으로서의 교회를 강조하되 교회의 외형과 구조에 대한 관심을 넘어 교회 본질을 성찰하는 가정교회 필독서.

교회란 무엇인가 The Household of God
레슬리 뉴비긴 | 홍병룡 옮김 | 무선 200면
교회의 종말론적·선교적 본질의 회복을 촉구하며 하나됨이라는 교회 본연의 모습을 강조한 레슬리 뉴비긴의 교회론.

교회 안 나가는 그리스도인
정재영 | 무선 224면
예수 그리스도를 믿지만 교회에 출석하지 않는 그리스도인을 일컫는 가나안 성도, 한국 교회가 직면한 이 새로운 현상에 대해 종교사회학가 내린 예리한 분석과 응답!

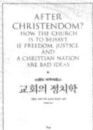
교회의 정치학 After Christendom?
스탠리 하우어워스 | 백지윤 옮김 | 무선 262면
구원, 정의, 종교의 자유, 교육, 성과 같은 중요한 사안들을 분석함으로써, 어떻게 교회가 콘스탄티누스주의를 거부하고 참된 교회가 되어 사회에 기여할 수 있을지 탐구한다.

바울의 공동체 사상 Paul's Idea of Community
로버트 뱅크스 | 장동수 옮김 | 무선 344면
바울 서신에 나타난 1세기 교회 모습을 당시 문화적·사회적 배경에서 살피고, 이를 현대에 적용할 수 있도록 돕는다.

살아 있는 교회 Living Church
존 스토트 | 신현기 옮김 | 무선 216면
복음주의 거장 존 스토트가 성경적 진리에 대한 깊은 통찰과 확신을 바탕으로 교회 본질, 예배, 전도, 사역, 교제, 설교, 연보, 영향력 등에 관한 실천적 적용점을 제시한다.

새로운 교회가 온다 The Shaping of Things to Come
마이클 프로스트·앨런 허쉬 | 지성근 옮김 | 무선 436면
두 명의 탁월한 교회 갱신 운동가가 포스트모던 문화 속에서 적실성을 잃어 가는 오늘날의 교회에 제시하는 선교적 교회 청사진!

성찬이란 무엇인가 The Meal Jesus Gave Us
톰 라이트 | 안정임 옮김 | 무선 112면
성찬이란 과거(주의 죽으심)와 미래(주의 오심)가 조우하는 시간이며, 신학과 교리로 분열되어 있는 그리스도의 몸 된 교회를 하나로 묶는 상징임을 깨닫게 한다.

세상을 위한 교회, 세이비어 이야기
Inward Journey, Outward Journey
엘리자베스 오코너 | 전의우 옮김 | 무선 300면
교인 수가 2백 명도 되지 않는 세이비어 교회가 개인 경건과 사회적 영성의 균형을 통해 어떻게 건강한 교회 모델이 되었는지를 들려준다.

소그룹 운동과 교회 성장
Good Things Come in Small Group
론 니콜라스 외 | 신재구 옮김 | 무선 250면
수십 년간 소그룹을 지도해 온 IVF 간사들이 소그룹의 목표와 기본 요소, 소그룹 리더에게 필요한 자질 등에 관한 아이디어와 자료를 담았다.

영혼을 세우는 관계의 공동체
Becoming a True Spiritual Community
래리 크랩 | 김명희 옮김 | 무선 344면
존경받는 상담가인 저자는 영적 공동체란 무엇이며, 공동체와 구성원, 성령의 역할이 무엇인지를 균형 있고 체계적으로 정리한다.

예수님이 차려주신 밥상 A Meal with Jesus
팀 체스터 | 홍종락 옮김 | 무선 232면
밥상이야말로 은혜, 공동체, 선교, 구원 등 복음의 정수가 담긴 구체적 삶의 현장이며 교회가 회복해야 할 핵심 장소임을 선명하게 보여 준다.

참으로 해방된 교회 Liberating the Church
하워드 스나이더 | 권영석 옮김 | 무선 416면
교회의 사명은 전도, 교회 성장, 제도적 교회 영역을 넘어 정치, 경제, 문화, 생태까지 포괄하는 하나님 나라를 선포하는 것임을 역설한다.

참으로 해방된 평신도 Liberating the Laity
폴 스티븐스 | 김성오 옮김 | 무선 209면

목회자와 교회 지도자의 최우선 역할은 성도 개개인을 구비시켜 그들이 교회에서뿐 아니라 세상 속에서도 하나님의 일을 적극 해나가도록 돕는 것임을 분명하게 보여 준다.

평신도가 사라진 교회?
The Equipper's Guide to Every-Member Ministry
폴 스티븐스 | 이철민 옮김 | 무선 264면

성직자만이 아니라 모든 성도가 하나님의 사역을 감당해야 할 소명을 받았으며, 각자가 받은 은사에 맞게 평신도 사역을 위해 구비해야 할 기본적이고 실천적인 방법을 자세히 제시한다.

하나님 나라의 모략 The New Conspirators
탐 사인 | 박세혁 옮김 | 무선 392면

소비주의, 세계화, 신자유주의 물결 속에서 오늘날 하나님이 교회를 통해 어떻게 하나님 나라 운동을 펼치시는지 보여 준다.

한국교회탐구포럼 시리즈
송인규 외 | 크라운판 무선

'하나님 나라를 위한 교회, 한국 교회를 위한 탐구'를 모토로 한국교회탐구센터와 IVP가 만든 무크지로 매면 한국 교회와 긴급하게 연결된 주제를 설문조사, 학술 연구, 에세이 등 다양한 방법을 통해 탐구한다. 지금까지 한국 교회와 직분, 여성, 직업, 성(性), QT, 제자훈련, 평신도 등의 주제를 다루었다.

21세기를 위한 평신도 신학 The Abolition of the Laity
폴 스티븐스 | 홍병룡 옮김 | 무선 356면

목수이자 목회자인 저자는 평신도들을 사역의 대상으로만 보는 신학적·구조적·문화적 원인을 분석하고, 성직자와 평신도의 구분이 없는 '한 백성의 신학'을 제시한다.

옮긴이 신현기는 IVP 대표로 일했으며, 이 책이 그리는 공동체와 닮은 작은 공동체에 속해 있다. 『기도: 하나님과의 우정』 『유진 피터슨의 아주 특별한 선물』 『어린이를 위한 내 마음 그리스도의 집』(이상 공역), 『영성의 깊은 샘』 『살아 있는 교회』 『모든 사람을 위한 로마서 I, II』 『새로운 청년사역이 온다』 『1세기 그리스도인의 하루 이야기』 『1세기 그리스도인의 선교 이야기』(이상 IVP), 『사회적 하나님』(청림), 『이 사람을 보라』(살림) 등을 번역하였다.

1세기 교회 예배 이야기

초판 발행_ 2017년 6월 12일
초판 19쇄_ 2024년 9월 25일

지은이_ 로버트 뱅크스
옮긴이_ 신현기
펴낸이_ 정모세

펴낸곳_ 한국기독학생회출판부
등록번호_ 제2001-000198호(1978.6.1)
주소_ 04031 서울시 마포구 동교로 156-10
대표 전화_ (02)337-2257 팩스_ (02)337-2258
영업 전화_ (02)338-2282 팩스_ 080-915-1515
홈페이지_ http://www.ivp.co.kr 이메일_ ivp@ivp.co.kr
ISBN 978-89-328-1482-7
ISBN 978-89-328-1841-2 (세트)

ⓒ 한국기독학생회출판부 2017

책값은 뒤표지에 있습니다.
무단 전재와 복제를 금합니다.